Moritz Thümmel

Die Inoculation der Liebe

Eine Erzählung - Leipzig, Weidmanns Erben u. Reich 1771

Moritz Thümmel

Die Inoculation der Liebe
Eine Erzählung - Leipzig, Weidmanns Erben u. Reich 1771

ISBN/EAN: 9783743477445

Hergestellt in Europa, USA, Kanada, Australien, Japan

Cover: Foto ©ninafisch / pixelio.de

Weitere Bücher finden Sie auf **www.hansebooks.com**

Die Inoculation der Liebe.

Eine Erzählung.

Leipzig,
bey Weidmanns Erben und Reich. 1771.

De l'art d'un Inoculateur
C'est l'Amour qui fut l'inventeur.
Pour l'intérêt d'un jeune coeur,
 On fait la piqûure :
  La cure
 En est sure
Jeunes Beautés, ne craignez rien ;
C'est un mal qui fait du bien.

FAVART.

An den Herrn

Kreyßsteuereinnehmer Weiße

in Leipzig.

———————

Wie selten fällt des jungen Dichters
  Wahl
Auf den Gesang, den ihm sein Herz empfahl.
Singt Einer auch von Amors Abentheuern;
So stimmen hundert ihre Leyern
Auf den Trompetenton der festlichen Moral,
Und jeder schreyt mit andern Schreyern

Und mancher Harlekin wagt einen Todten-
sprung
In seiner ersten Angst, zu dem erhabnen
Young
Und tändelt voller Ernst mit allen Ungeheuern
Der Schwermuth, spornt sich selbst zu Rase-
reyen an,
Schweift in die Gegenden der Freuden ein —
und stürzet
Mit Murren auf den Wandersmann,
Der durch ein Lied, das ihm sein Genius
ersann,
Sich sorglos seinen Weg verkürzet. —

Wie reizend stell' ich mir die freyen
sichern Zeiten
Horazens und Properzens, vor,
Wo nie ein Mensch um andrer Menschlich-
keiten,

Das

Das Maul verzog und nur ein Wort verlor.
Man rechnete dem Dichter seine Lieder
Nicht für Verbrechen an, und Cicero rief
nicht:
„Wer einen Wieland, lieben Brüder,
„Wer einen Wieland liest, der ist ein Böse-
wicht!"

Es lebe Billigkeit! Ich räche
An Andern niemals eine Schwäche,
Die ich selbst nicht besiegen kann,
Und sehe diese Welt gern für ein Gasthaus an,
Das jedem offen steht. — Wer sprechen will
der spreche.
Hier ist für jedermann ein voller Tisch ge-
deckt:
Ein jeder esse, was ihm schmeckt,
Und jeder zahle seine Zeche!

Auch ich, ich höre gern die Sprache
des Gefühls
Der Mädchen, die nun satt des langen Kin-
derspiels,
Den erst erwachten Wunsch erwärmter Her-
zen stammeln;
Und sehe gern, wie nach und nach
Sie von dem Leitband' an bis in das Braut-
gemach
Empfindungen der Freude sammeln:
Und überrasche gern die Unerfahrenheit
Mit der Natur und Lieb' im Streit. —

Freund, den die Scherze gern zu ihren Dichter wählen,
Der zur Erholung auch nach langem Ernste
lacht;
So einen Streit laß' dir erzählen!

Ein

Ein Mann von Welt wie Du, wird nicht
gleich bitter schmählen,
Wenn es die Muse so, wie unsre Damen
macht:
Die ziehn, — wer weiß es nicht? Beschei-
denheit dem Schimmer
Des allzufreyen Putzes vor:
Doch deckt ihr schönster Theil sich immer
Am liebsten mit dem dünnsten Flor.

Da, wo der dunkle Strom des Maynes
    Sich in den hellern Rhein verliert;
Wo nebst dem Gott des deutschen Weins
Der erste Fürst des Reichs regiert:
Nicht weit von Maynz — damit es jeder
                wisse,
Wer sich auf Politick und Flüsse
Und gute Weine nicht versteht, —
Da lebte, kürzlich noch, dem fetten Vater-
                lande,
Dem Adel und der Welt zur Schande
Ein altes, geiziges, stiftmäßiges Skelet:
Ich nenn es Harpagon. — In seinen jün-
                gern Jahren

Kam ihm die Grille sich zu paaren
Aus Liebe nicht, aus Raubsucht ein. Er
stahl
Zwo Tonnen Golds durch seine schlaue Wahl;
Denn seine Ehe war nichts weiter,
Als nur ein Einbruch ohne Leiter,
Bey dem er noch vor der Gefahr
Gehenkt zu werden, sicher war.
Gewinnst genug für ihn, um einer Art von
Drachen
In seinem Bette Raum zu machen!

Es segnete kein Mensch den neuen
Ehestand,
Den Trauungsseegen ausgenommen.
Gott, welch' ein Paar! rief man durch's gan-
ze Land,
Was werden erst für Kinder kommen! —
Dieß Urtheil war sehr übereilt gefällt.

Es

Es kam ein Mädchen an, allein man
mußte sagen,
So schön, als an den Hochzeittagen
Sich keine Seele vorgestellt.
Es hatte kaum die Augen aufgeschlagen,
So starb die Mutter schon, da sie zum Glück
der Welt
Das Ihrige nun beygetragen. —
Das Kind zog jedermann mit bittendem Ge-
schrey,
Nur seinen Vater nicht herbey. —
Der arme Mann! wie kann man das be-
gehren?
Er saß, ganz blind von vielen Zähren
Und überrechnete genau
Was zu der Reise einer Frau
In jene Welt für Kosten nöthig wären?
Man stelle sich nur vor, wie so ein Tod zer-
streut!

Bald

Bald ängstigt ihn die Pflicht, sie ehrlich zu
begraben
Und bald durchschauert ihn in seiner Einsam-
keit
Das mächtige Gefühl, sie überlebt zu haben,
Halb froh, halb ängstlich, wie ein Dieb,
Verglich er das was ihm zurücke blieb,
Und was er ihr zu lassen hätte.
Er stahl der todten Frau die Hälfte von dem
Bette,
Schloß jede Kleinigkeit von ihrem Nachlaß ein
Und ließ sein Töchterchen nach fremder Hülfe
schreyn.
Manch' Mädchen lief herbey und hatte zwar
den Willen
Allein sonst nichts, das Kind zu stillen;
Der Himmel mag Vergelter seyn! —
Zuletzt erschien ein Weib mit thätigerm Er-
barmen

Was

Bat weinend sich das Kind von seinem Vater
aus.
„Nehmt's hin wenn's Euch gefällt ich mache
mir nichts draus." —
Die Alte nahm's und trugs mit schmeichel-
haften Armen
In ihr armselig Bauernhaus. —
Der Alberne, der Ungerechte
Wär hier zum erstenmal für seinen Vortheil
blind.
Ich wüßte nicht was so geschwind
Für eine süße Müh so viele Freude brächte,
Als ein gesundes, hübsches Kind,
Zumal von weiblichem Geschlechte. —
Von Tag' zu Tag' entwickelt sich
Ein neuer Reiz in seinen sanften Zügen.
Sey Vater oder Freund, stets überrascht es
Dich
Mit einem menschlichern Vergnügen!

Mit

Die Wolluſt kannt' Er nicht — Das gute Bauerweib
Nahm das verlaßne Kind zu ihrem Zeitvertreib
Für ein geringes Koſtgeld über.
Mit Seufzen zahlt Er's aus, zur Nahrung für den Leib —
Und für die Seele? — Keinen Stüber!
Wenn man, dacht' Er, den Körper nur erhält,
Was kann die Seele noch verlangen?
Wer weiß es, ſitzt die nicht zur Straf' in dieſer Welt
Gleich einem Züchtlinge, wie auf den Bau' gefangen.
Die Alte nahm ſo gut ſich dieſes Mädchens an,
Als jemals eine Fee gethan.
Ich könnte viel davon erzählen:
Doch will ich nur ein Beyſpiel wählen

Von dem man weiter schlüßen kann.

Es herrschte in dem Dorf ein alter Aberglaube
Für jedes Kind ein Bäumchen zu erziehn.
Die Alte, der ein Baum noch viel zu wenig schien,
Pflanzt' für ihr Fräulein eine Laube
Von jungem sprossenden Jasmin.
Die Anstalt war sehr gut: denn alle Mädchen hatten
Nach funfzehn Jahren ihren Schatten:
Die Mühe war gering, doch eine Kleinigkeit
Kömmt manchmal in der Folgezeit
Den guten Kindern wohl zu statten.

Dem droht der Ueberdruß vergebens,
  Der manchen Ehemann gleich nach der
          Trau befällt,
Wer die Gefährtinn seines Lebens
Aus einer Beaumont Hand erhält;
Der kluge Mann wird nichts vermissen.
Ihm bleibt zu weiterm Unterricht
Nichts übrig, als die Kunst, zu küssen.
O warum konnte doch die gute Mutter nicht
So viel als eine Beaumont wissen!
Das, was sie wußte, lehrte sie:
Sie lehrt das Kind erst reden und dann
          singen,
Und wußt' ihm ohne viele Müh

Geschmack am Lesen beyzubringen.
Sie wagt' es ohne Locks Versuch
Die Unterweisung abzuändern:
Sie lasen manches gute Buch,
Und wechselten mit Hauskalendern.
In diesen Uebungen verfloß
Die lange Zeit von funfzehn Jahren.
Das Fräulein war nun hübsch und groß,
Empfindlich: aber unerfahren.

Einst las sie Zeitungen, und fieng von
                    Frankfurt an,
Die seltne Neuigkeit zu lesen:
„Es sey Dimsdal, der große Mann
„Der Blatterimpfer, da gewesen" —
Drauf, wie man denken kann, drauf fuhr
Die Zeitung fort, die Leser zu belehren,
Wie viele Mädchen schon mit Hülfe seiner
                    Kur
                         Vor

Vor dem Verluſt der Reize der Natur
Zu ihrem Troſt' geſichert wären« —
Ihr Krankheitsbändiger mit tödtendem Ge-
ſicht,
Ihr habt wohl Recht auf dieſe Cur zu ſchim-
pfen! —
Auch unſer Mütterchen, das doch ſonſt eben
nicht
Schwergläubig war, fieng an dabey das Maul
zu rümpfen. —
Die Blattern? ſchrie ſie, was? die Blattern
einzuimpfen? —
Unmöglich iſt das gut: doch wollt' ich, der
Bericht
Wär' wahr! Ich weis, was ſie mir einſt
verdarben.
Auch ich war einſtens ſchön. — Da ſah mich
jedermann
Mit freundlichen und güt'gen Augen an:

Doch itzt! — Wie bald ist es um uns gethan!
Bey dieser Larve voller Narben
Denkt weiter keine Seele dran. —
Das junge Fräulein hört zum erstenmal' er-
schrocken
Der Alten zu, und sieht zugleich in ihr,
Mit angstvoll stiller Neubegier
Ein traurig Monument der fürchterlichen
Pocken;
Denn wie die Pfirsich nichts von ihrer Güte
weis,
Wenn sie auf der Natur Geheis
Sich färbt, mit Woll' umzieht und endlich
süßgefüllet
Der Lüsternheit entgegen schwillet:
So war bisher auch Fräulein Karolinen
Ihr eigner Werth noch unbewußt.
Sie tändelte noch nicht mit ihrer Schwanen-
brust

Und

Und dachte nicht daran durch schlaugewählte
Mienen
Den Ruhm der Schönheit zu verdienen.
Mit sich noch unbekannt und kaum von sich
gesehn,
War sie in stiller Anmuth schön.
Doch itzt, da sie mit ihren feinen Zügen
Der Alten Häßlichkeit verglich;
Itzt, da ihr Geist mit heimlichem Vergnügen
Des Körpers Lilien beschlich;
Da ihr geschärfter Blick mit lüsternem Bedachte
Die neuen Gegenden durchlief:
Fuhr manche Ahndung auf und manche Sorg'
erwachte,
Die still bisher in ihrem Schooße schlief. —
So wäre, rief sie aus mit traurigen Geberden,
Dies Alles nur auf kurze Zeit so schön?
Dieß Alles könnte noch ein Raub der Blat-
tern werden?

Und gäb es denn kein Mittel auf der Erden
Der Schönheit Feinden zu entgehn? —
Dürft' ich nur meinen Vater fragen!
Allein ich weiß es schon, es rühren meine
     Klagen
Ihn niemals: denn sein Kopf ist nur von
     Zahlen voll
Und stets schmählt er auf mich = = = Es sey! —
    Man kann ja wohl
Für seine Schönheit etwas wagen? —
Der väterliche Trost war der Erwartung
     werth.
So heuchlerisch, so schriftgelehrt,
Als ob er ihn in * * * studieret: —
„Das ist ein Thor, wer seine Schmerzen
     häuft,
„Ein Sünder, welcher Gott in seine Rechte
     greift,
„Ein Bösewicht, — wer sich inoculiret." —
     Damit

Damit entließ er sie. — Die junge Schöne schlich
Zu ihrer Fee, und fieng so weinerlich,
So rührend an ihr Herz dem Mitleid zu entfalten,
Daß jeder Laut der guten Alten
Bis in die Seele drang; und gleich entschloß sie sich
Die Zeitung in der Hand, im Dorfe öffentlich
Mit ihren Nachtbarn Rath zu halten.
Sie lief von Hauß zu Hauß und fieng zu fragen an,
Vom Schulzen bis zum Leyermann:
Doch keiner war der sie belehrte.
Der Küster selbst, so klug er war, erklärte,
Daß eine Cur, wie die, noch nie erfunden sey. —
Indem sie nun betrübt nach ihrer Hütte kehrte,

Ritt ein geputzter Herr vorbey:
Auch diesen fiel sie an. Er hörte
Mit Lächeln zu, und sprach: Laßt mich das
Mädchen sehn!
Es ist nichts leichter zu verstehn. —
Ein jeder junger Herr, gesagt zu unsern
Ehren,
Wenn ihn nicht die Natur bloß für die Oper
schuf.
Fühlt stets in sich den gütigen Beruf,
Einfältge Mädchen zu belehren.
Der Ritter war von dieser Art,
Empfehlend, freundlich und erfahren
In mancher Kunst, wie Abelard,
Als seine Künste und sein Bart
Noch ungekränkt in Wachsthum waren.
Ihn lehrten nur Ovid und Gleim
Die schwere Wissenschaft, dieß Leben zu em=
pfinden

Und

Und doch, — wer glaubt es wohl, gelockt
            durch reiche Pfründen
Wagt' er es einst zu Mergentheim
Das Kreuz der Keuschheit umzubinden,
Schwur Haß und Tod (das gieng zur Noth
            noch an)
Den Türken und den Sarazenen;
Und schwur — Was haben denn Unschuldige
            gethan? —
Auch Etwas ähnliches den Schönen.
Nun sagt man zwar, die strengsten deutschen
            Herrn
Veränderten die Pflicht des Türkenkriegs
            ganz gern
In einen Ritterzug nach kleinen Liebeshändeln,
Und ließen oft die Mädchen ungescheut
In scherzender Vertraulichkeit
Mit ihren Ordenszeichen tändeln.
Ich sage nur, was halb Europa spricht,
            Viel-

Vielleicht ist's wahr, vielleicht auch nicht;
Ich achte nicht auf jede Stimme,
Und wär' es wahr — Nun wohl! Der große
Sancho sprach
Man sey nur Ritter erst, das Uebrige folgt
nach;
Ein guter Umweg, keine Krümme.

Nicht jeder trifft, Bekanntschaften zu
　　　　　machen,
Die Zeit so gut, wie sie der Ritter traf.
Die Schöne lag in einem luft'gen Schlaf,
Ein Viertelstündchen vorm Erwachen.
So mancher Reiz, von dem der schwüle Tag
Die feinen Decken weggeschoben,
Ward durch das halbe Licht der Laube mehr
　　　　　erhoben,
In deren Schattenkreys sie lag. —
Ein solches Kleinod zu entdecken,
War sich der Ritter nicht versehn.
Er sah und blieb mit freudigem Erschrecken
Beym ersten Augenblick, wie eine Säule, stehn:
　　　　　　　　　　　　Beym

Beym zweyten wollt' er näher gehn,
Beym dritten = = = aber ach! die Unschuld
schläft zu schön;
Es wär ja Schade, sie zu wecken! —
Nun konnt' er eine lange Zeit
In unentschloßner Trunkenheit,
Bey diesem Gegenstand nicht seinen Blicken
wehren:
Doch, als er reiflicher erwog,
Was ihm der Schlaf verrieth und was er ihm
entzog,
Wagt er es endlich, ihn zu stören. —
Denn sehn wir wohl die größte Schönheit ganz,
Man seh' auch was man will, so lange wir
den Glanz
Von ihren Augen noch entbehren?
Er kniete vor ihr hin, küßt' ihre nächste
Hand = = =
Kein Wunder daß der Schlaf verschwand!

Es

Es war der erste Kuß den sie in ihrem Leben,
(Beglückt war der, der ihn gegeben!)
Im Wachen und im Traum empfand.
Erröthend sprang sie auf und drehte
Den starren Blick auf den, der ihr die Hand
gedrückt.
So sieht im Schein' der Abendröthe
Der Venus Marmorbild, das einen Garten
schmückt.
Man spotte nicht! Der jungen Schönen
War der Besuch von einer Mannsperson
Noch unerhört: doch wird sie schon
Sich mit der Zeit daran gewöhnen. —
Die gute Fee, der wohl an Scenen
Von dieser Art nicht viel gelegen war,
Ermunterte zuletzt das allzustille Paar,
Sich ihrer Sprache nicht zu schämen. —
Hier dieser Herr, schrie sie, das dächten Sie
wohl nicht,

Ver-

Versteht die Wundercur, von der die Zei=
tung spricht,
Und würde sich wohl gar bequemen,
Die Cur mit Ihnen vorzunehmen,
Wenn Sie es wünschten. = = = Auf einmal
Faßt auf das Wort der Fee, die schöne
Karoline
Vertrauen zu dem Herrn, den seine gute
Miene
Schon ohnedem bey ihr empfahl: = = =
Herr Doctor — oder wie Ihr Titel
Sonst heißen mag, besitzen Sie das Mittel,
Von dem die Zeitung Wunder spricht:
So bitt' ich, retten Sie mein jugendlich
Gesicht.
Es ist das einzige, was mir das Glück ge=
geben,
Was mich noch zu erfreun vermag,
Gieng es verloren: keinen Tag

Was

Würd' ich dieß Unglück überleben.
Ich weis zwar nicht, ob ich die Müh,
So sehr mein Herz es wünscht, verdiene? —
Nun, lieber Herr, — mit unschuldsvoller
Miene
Sah sie ihn an, — was meynen Sie? —

Wie pochte nicht das Herz dem jungen
Herrn! So nahe
Hatt' ihm noch nie die Lieb' ein Netz gelegt.
Er fühlt', je mehr er auf sie sahe,
Je mehr sie sprach, sein Innerstes bewegt.
Was soll er thun? Das schmeichelnde Ver-
gnügen,
Dieß liebe Kind noch oft zu sehn,
Verwehrt ihm itzt die Wahrheit zu gestehn,
Die Ehrlichkeit verbot es, zu betrügen.
Zuletzt entschloß er sich, durch eine halbe Lügen
Den sichern Mittelweg zu gehn. —

Ich

Ich bin ein deutscher Herr, der in der Nachbarschaft
Auf seinen Güthern lebt, doch misch' ich mich zuweilen
Gern in die Medecin, und kann so meisterhaft,
Als Dimsdal nimmermehr, ein hübsches Mädchen heilen.
In meinem Umgang schon steckt die verborgne Kraft,
Die Krankheit andern mitzutheilen.
Es ist ja überhaupt der Blattern Eigenschaft!
Eins steckt das Andre an = = = doch gnug, itzt muß ich eilen:
Sie werden das schon mit der Zeit verstehn.
Sie leben wohl, auf baldig Wiedersehn! —
Hiermit entriß er sich des Fräuleins Schmeicheleyen,
Schwung sich aufs Pferd und zog den Hut = = =
Da

Da hielt es noch die alte Fee für gut
Ihm diese Warnung vorzuschreyen:
Der Himmel segne Sie für Ihre Gütigkeit,
Mein junger Herr, auf viele Jahre!
Nur sorgen Sie, daß vor der Zeit
Des Fräuleins Vater nichts von Ihrer Cur
      erfahre,
Das ist ein Mann, der für die schönste Haut
Nicht einen Groschen giebt, und (daß Sie
      Gott bewahre!)
Dem bösem Feinde mehr, als einem Arzte
      traut.

Dem Leser, welcher das Project
 Des Ritters nicht etwan von selber
  schon entdeckt,
Will ich davon, so viel ich weis, erzählen. —

Er hatte nicht umsonst so manche hüb-
  sche Nacht
Des Körpers Wunderbau, das Labyrinth der
  Seelen,
Als Ritter durchgeirrt, als Weiser durchge-
  dacht,
Und alle Wendungen, die die Verliebten
  wählen,
Nach Regeln der Natur in einen Plan gebracht.

Er

Er ward seitdem der Liebe nur getreuer,
Und wies, je mehr er itzt mit kritischem Verstand
Beleuchtete, was er empfand,
Nur desto weniger die kleinen Abentheuer
Mit hübschen Kindern von der Hand. —
Unwissenheit berauscht, Erfahrung machet nüchtern.
Wenn itzt die Lieb' ihm winkt, flammt seine Einbildung
Nicht mehr so hoch als sonst, und seine Foderung
Ist nicht zu dreust und nicht zu schüchtern.
Sein erster Rausch war zwar schon längst vorbey, doch blieb
Ihm stets davon noch die Erinnrung lieb.
Er sah an Andern gern die Lust, die er empfunden,
Sah gern die Liebenden in ihrem ersten Glück

Und rufte, wie ein Kind in seinen Morgen=
stunden,
Den halbvergeßnen Traum zurück.
Noch lieber ließ er sich mit den vertrauten
Scherzen
Zum Unterricht so unerfahrner Herzen,
Wie Amor ihm in Karolinen gab,
Mit lehrbegierger Lust herab.
Es ist, ihr Mädchen hört's! die feine Kunst
zu lieben,
Wie das Baßet, ein sehr betrüglich Spiel.
Es giebt der Männer gar zu viel,
Die sich in losen Künsten üben,
Wenn Euer Herz, mißtrauisch beym Ge=
fühl
Der Liebe stutzt: gleich unterschieben
Sie Euch ein falsches Wort, das, wie der
Unschuld dünkt,
Schon mehr erlaubt und besser klingt.

Ein

Ein Kuß auf Eure Hand ist nur ein Ehr-
furchtszeichen,
Das, wenn es sich auf Euren weichen
Corallenfarbnen Mund verirrt,
Nicht Liebe, nein, nur Freundschaft wird.
Euch lockt ein süßer Trieb zu schattenreichen
Büschen —
Was wollt ihr da? — Ihr wißt es selber
nicht:
Doch Euer Freund erklärt's. Ihr sucht euch
zu erfrischen,
Weil Euch — weil Euch die Sonne sticht.
Aus Müdigkeit setzt er sich bey dem Bache
nieder,
Ihr folgt dem Wink aus gleicher Müdigkeit:
Des Bachs Geräusch ist schuld an der Zufrie-
denheit,
Die aus Euch scherzt — und Weissens Ju-
gendlieder

Vertreiben Euch die kurze Zeit,
Und wenn Ihr Euch aus Zärtlichkeit nun
Beyde
So weit vergeßt, wie ich mich oft vergaß —
Was grübelt ihr? — Fragt ihn! Es war
nur Uebermaß
Der Liebe nicht, nein nur der Freude.

Nach diesem glücklichen System
Hielt unser junger Herr auch dießmal für be-
quem,
Das unerfahrne Herz des Fräuleins zu be-
handeln,
Und eine Cur, von der er nichts verstand,
Durch Sympathie in eine zu verwandeln,
Für die er mehr Beruf empfand. —
Mit dem Entschluß gieng er zu Bett' und
träumte,
Wie jeder junge Arzt von seiner ersten Cur:
Doch

Doch daß er nicht etwan sein krankes Kind
            versäumte,
Was manchmal selbst Boerhaven wiederfuhr,
Zog er zuvor an seiner Uhr
Den Wecker auf. Die Mühe war vergebens,
So klein sie war. Das Herz, der Wecker un=
            sers Lebens,
Ermuntert uns weit sicherer zur Zeit,
Von einer solchen Wichtigkeit.
Kaum war er wach, kaum war der Tag er=
            schienen,
Der doch im May nicht langsam ist:
So eilt er schon zu Karolinen.
Er fand das muntre Kind im Grünen
Mit einem Blick ward er von ihr gegrüßt,
Der leichter anzusehn, als zu beschreiben ist.
Unnöthig suchte sie, daß eine sanfte Sprache
Verständlicher ihn nach und nach beredter
            mache.

Ein Blick, wie dieser war, ist leichter zu ver-
stehn,
Als manche wohlgesetzte Chrie.
Ich, fieng sie stotternd an, komm', wie Sie
mich hier sehn,
Erst aus dem Bett'. Und Sie — Sie geben
sich die Mühe
Um mich, — ich schäme mich, — so früh
schon auszugehn? —
„Ein Liebesdienst kann, rief er, nie zu frühe
„Auch selbst um Mitternacht geschehn."
Du armes Kind! So listig hintergangen,
Seitdem es Mädchen giebt, ward keine noch
als Du;
Du eilest, wie du glaubst, mit löblichem Ver-
langen
Um die Erhaltung deiner Wangen
Dem Arzt — Betrogene, du eilst der Lie-
be zu!

Noch

Noch unbekannt mit ihren Streitigkeiten
Ergiebst du dich ihr gern, nach einer Kran=
kenpflicht.
Wie könntest du mit Amorn streiten,
Du gutes Kind, Du kennst ihn nicht! —

Der Arzt fieng an zuerst, wie sich's ge=
bührt, zu fragen:
„Wie geht der Puls?" — „So, so; — da füh=
„len Sie, mein Herr" —
„Er geht sehr frisch" — allein in wenig
Tagen,
Fuhr er prophetisch fort, wird er weit heftiger
In den geschwollnen Adern schlagen.
Und itzt, sprach er, halt' ich für gut,
Und sprach's in jenem Ton, der den verlor=
nen Muth
Bey Kranken wiederbringt, mit freundschaft=
lichen Küssen

Das

Das jungfräuliche Winterblut
Vor allen Dingen zu versüßen.
Für eine feurige Natur
Ist dieß die beste Frühlingscur,
Wie wir aus der Erfahrung wissen. —
„Ich folge gern, rief das geliebte Kind,
Und fühle wirklich schon die Süßigkeit gelind
Mit jedem Kuß durch meine Adern flies-
sen." —
Sie wiederholten oft der Liebe Kinderspiel,
Das beyden Theilen wohlgefiel:
Die Alte nur fieng an den Kopf darbey zu schütteln.
„Eh ich noch völlig mündig war"
Murrt' sie vor sich, „genoß ich zwar
„Auch dann und wann von diesen süßen
„Mitteln:
„Allein, wenn ich mich recht besinnen kann,
„War

„War etwas anders Schuld daran.
„Doch, wie man manchmal lieſt, hat alles
„ſich verwandelt.
„Ein jedes Jahr hat eine neue Cur,
„Und ſonſten brauchten Mörder nur
„Den Schirlingsſaft, den itzt der Arzt ver-
„handelt."

Das junge Paar fuhr fort in bester Eintracht froh
Zu küssen, Er — und Sie — dafür zu danken:
Und wie der erste Tag entfloh,
Vergieng der andre auch — Doch fiengen schon der Kranken
Am dritten an die Knie zu wanken.
Der Puls schlug heftiger, so bald der Ritter kam,
Und stockte, wenn er Abschied nahm.
Dann jagten Wünsche sich mit schreckenden Gedanken.
Die Langeweile zwar beschleunigte die Nacht:

Doch

Doch seufzend ward sie hingebracht:
Matt stand sie auf. — Mit schmachtenden
Geberden
Erzählte sie der Alten ihre Noth
Und sprach am vierten Tag', um wiederlegt
zu werden,
Mit süßem Lächeln von dem Tod.
Die Alte ließ an sie, weil doch einmal die
Mütter
Viel weiter als die Töchter sehn,
Erfahrungsvoll viel Tröstliches ergehn. —
„Mein Kind, sprach sie, der Tod ist bitter.
„Sie werden, — lassen Sie den Ritter
„Das Seinige nur thun — es besser überstehn,
„Als sich itzt denken läßt." = = = Zum Glücke
Trat auch, indem sie sprach, der junge Arzt
herein
Und mit ihm Trost und Ruh. Sein Kuß und
seine Blicke

Ver-

Verbreiteten, (so wie geschwinder Sonnen-
schein
Ein Schimmern übers Meer,) auf Karoli-
nens Wangen
Ein Lächeln, wie man nur in einer Braut-
nacht sieht,
Das von dem Herzen ausgegangen,
Sich auf das Herz zurücke zieht,
Und unserm jungen Herrn ein feuriger Ver-
langen
Nach ihm, als nach dem Tod' verrieth.
Der Ritter zitterte, und wär' dem keuschen
Orden
Beynah schon ungetreu geworden. —
Wenn ich Deutschmeister wär', hätt' ich's ihm
wohl verdacht?
Die Liebe hat schon mehr Meineydige gemacht.
Die dennoch zu Kapitel gehen:
Denn, würde jeder abgesetzt,

Der

Der diese strenge Pflicht verletzt,
So würden weit und breit die Lehen
Des deutschen Reiches offen stehen.
Ach wider eines Mädchen Reiz
Hilft weder Fürstenhut noch Kreuz! —
Und dennoch hielt der junge Herr noch lange
Sein Herz, so sehr es auch nach der Vollen=
dung schlug,
In jenem ungeduld'gen Zwange,
Den nie vor ihm ein deutscher Herr ertrug.
Zwar überließ er noch den unzufriednen
Sinnen
So manche schon erlangte kleine Lust
Auf Karolinens Mund und Brust,
Wenn's möglich wär, noch einmal zu ge=
winnen,
Und schob nur Etwas auf, das, wenn man
zärtlich liebt,
Man ungern einen Tag verschiebt.

So überließ Columb ermüdeten Begleitern
Von seiner Tapferkeit das schon entdeckte
Land:
Voll Ahndungen, mit sieggewohnter Hand
Sein seltnes Glück noch zu erweitern,
Schifft er in Ruhe fort, und überschifft den
Strand,
Wo Helden ohne Vorsicht scheitern. —

Der Schönen ward, nach Sonnen-
untergang,
Wo sie ihr Freund verließ, die Zeit gewaltig
lang.
Sie sank verlassen und entkräftet
Auf einen alten Lehnstuhl hin,
Und hatte voller Eigensinn
Die Augen auf die Wand geheftet;
„Ach! seufzte sie mit krankem Ton,
„Ich werde mich bald legen müssen!
„So

„So ausgebreitet fühl' ich schon
„Die Wirkungen von seinen Küssen
„Durch alle meine Adern fließen:
„Drum gute Mutter haltet nur
„Ein frischgemachtes Bette fertig,
„Ich bin den Ausbruch meiner Cur
„Fast jeden Augenblick gewärtig." —
Drauf legt' sie sich, wie manchmal eine
            Braut
Vor ihrem Hochzeittage, nieder,
Und seufzte leis: „mit heiler Haut
„Geschieht es doch gewiß nicht wieder!" —
Die Alte wachte wundersam,
Um ja durch nichts der Kranken Schlaf zu
            stören,
Und wedelte den Arm sich lahm
Von ihr die Fliegen abzuwehren.
Wer sieht nicht gern den Schlaf von einer
            solchen Kranken,

Als Fräulein Karoline war?
Da werden oft die heimlichsten Gedanken
In jeder Wendung offenbar.
Wie viel verrieth auch hier die angenehme
Röthe,
Die immer mehr sich im Gesicht
Der schönen Träumerinn erhöhte,
Wie viel verrieth der Trieb, der ihren Busen
blähte,
Den Augen des Bemerkers nicht!
Wenn's eine Wette gält', den Traum wollt'
ich erzählen,
Es sollte mir kein Umstand fehlen. —
Das alte Weib, trotz seiner Schläfrigkeit,
Blieb treulich wach, bis zu der Morgen-
zeit,
Wo Karoline sich dem Schlummer
Mit einem Seufzerchen entwandt,
Und immer noch ihr Herz voll Kummer

Und

Und nach Besichtigung des Busens und der Hand
Kein Merkmal noch von Blattern fand.

Ein Umstand macht mich itzt verlegen,
So wenig ich's sonst bin; es regen
Zween Wünsche sich, die auf einmal
Sich selten anzutreffen pflegen;
Bleib' oder bleib' ich nicht? Ich habe bey der Wahl
Mehr als man denket zu erwägen,
Wie ungern möcht' ich itzt von meinen Posten gehn.
Das Fräulein sucht, um aufzustehn,
Ihr Mieder und ihr Unterröckchen —
Ich läugne nicht, das möcht' ich sehn!
Als Knabe schon trug ich mein Döckchen
Im Hemd herum und fand es schön:
Die kindsche Lust hat sich erhalten.
      Allein

Allein beym Blitz! Erst steht mir bey der
                    Alten
Ein böser Augenblick bevor:
Die dehnt sich aus und gähnt empor,
Und löst — das ist nicht auszuhalten —
Die Schleifen auf — Gut gut! ich wünsche
                    wohl zu ruhn;
Ich hab' auch anderwärts zu thun.

Der Ritter hatte kaum gemerkt,
  Wie redlich ihn der Schlaf gestärkt,
So stand er auf, von allen Sorgen
Des Alters und der Milzsucht frey,
Und segnete den heitern Morgen
Und seine Jugend und den May.
Der Plan, den ihm die Lieb' entwarf,
Das unschuldsvollste Herz zu rühren,
War halb erreicht; und es bedarf
Nur einer Kleinigkeit, ihn vollends auszu-
  führen.
Voll Muth klopft sein entschloßnes Herz
Und an der Hand der Zärtlichkeit geleitet,
Eilt er dahin, wo ihm der Scherz

Ein sanftes Lager zubereitet;
Und weil er weiß, daß sich der Liebe Reiz
Mit falschem Putze nicht verträget:
So hatt' er, eh er gieng, sein glänzend
Ritterkreuz
Mit klugem Lächeln abgeleget. —
Die Kranke hatte kaum den jungen Arzt er=
blickt,
So lag sie schon in seinen Armen
Und ward mit tröstendem Erbarmen
An sein verliebtes Herz gedrückt. —
Die Glücklichen! Sie fühlten nur und
schwiegen,
Und wechselseitiges Vergnügen,
Das rührend still so wie der Morgen war,
Schien dieß berauschte frohe Paar
In die Vergessenheit zu wiegen;
Und wollustvolle Thränen stiegen
Den Küssenden ins Aug' = = = allein
Wird

Wird wohl der armen kranken Schönen
Mit alle dem geholfen seyn?
Ich will nichts Böses prophezeyhn:
Allein ich zweifle fast, denn ihre Blicke sehnen
Sich, wenn ich's recht versteh, nach stärkern
Arzeneyn.
Ihr Busen zieht des jungen Mannes Thränen,
Ihr heißer Mund zieht seine Küsse ein,
Und jeder Athemzug vergiftet,
Wie leicht zu denken ist, ihr wallend Blut
noch mehr.
Der Puls bleibt aus, der Athem wird ihr
schwer.
Nun wankt — nun sinkt sie gar — und er? —
Indem er ihr die Schnürbrust lüftet,
Ruft Hülfe — doch, auf das Gehör
Der Alten, welche schlief, war sich nicht zu
verlassen.
Er rufte noch einmal — allein er hätte eh'r

Den Vater aus dem Wald, die Kinder von
den Gassen
Herbeygeruft: denn Schlaf und Alter hören
schwer
Und von den Bäumen in dem Garten
War nichts, als Schatten zu erwarten.
Auch der ist gut zu seiner Zeit.
Er trug, — (die Laube war zu gutem Glück
nicht weit,)
Sein krankes Kind dahin und legt die mat-
ten Glieder
Sanft ausgestreckt im weichen Rasen nieder,
Und lobte die Gelegenheit.
Kaum lag die Schöne da, so giengen
Ihr schon die Augen auf, die blassen Wan-
gen fiengen,
Mit neuem Feuer an zu glühn = = =
Was half denn so geschwind? Kann etwan
der Jasmin
Ein

Ein Mädchen wieder zu sich bringen?
Wie? oder hat ein Arzt, der seine Kunst versteht,
In seinen Händen schon dieß glückliche Vermögen?
Das weis ich Alles nicht, das mag die Facultät
Der Aerzte weiter überlegen. —
Kurz der Genesung schnell Gefühl
Bewies ihr deutlich gnung, sie habe nun das Ziel
Der Cur erreicht. — Im schnellen Uebergange
Vom Dunkeln in das Licht, und eben dieses war
Der jungen Dame Fall, ist uns vor der Gefahr
Aus Freuden blind zu werden, bange:
Man klaget lächelnd über Licht,
Hält seine Hände vor's Gesicht

Und

Und traut sich halb und traut sich wieder nicht,
Die scheuen Augen aufzuschlagen:
Doch was man nicht sogleich vermag,
Kommt schon — Wir blinzeln erst bis wir den vollen Tag
So gut als Andere vertragen. —
So saß auch Sie in Furcht und Hoffnung da,
Und wußte nicht wie ihr geschah,
Und ob die Cur geendet wäre?
Mit Stammeln fragt sie ihn: doch er erklärt sich nicht
Und führet sie zu mehrerm Unterricht
Noch einmal in die Kinderlehre. —
Und nun floh der Betrug und unsre Schöne nahm,
Je weiter sie in der Erkenntniß kam,
Nach der Gewohnheit aller Schönen
Die letzte Zuflucht zu den Thränen.

Bey

Bey ihrem süßen nie gefühlten Gram
Schwur sie, mit ihm, der sie in seine Arme
nahm,
Mit diesem falschen Mann sich niemals zu
versöhnen. —
So martert sich aus Stolz, aus Sehnsucht
und aus Schaam,
Ein saugend Kind, das wir entwöhnen.
O möchte stets die Schaam der Mädchen
Wang' erhöhn!
Dieß Himmelszeichen macht ein jedes Mäd-
chen schön.
Selbst Psyche ward dadurch dem jungen Amor
lieber.
Die Röthe, die wir oft an mancher Schöne
sehn,
Wenn wir zu viel uns unterstehn,
Ist nicht von dieser Art; gleich einem Schar-
lachfieber

Greift

Greift sie die Haut nur an und — wenn wir weiter gehn,
Tritt sie wohl gar ans Herz und geht in Ohnmacht über. —
Die Farbe, welche hier des Fräuleins Wang' umzog,
War ächte Farb', und sie verflog
Nach tausend Küssen erst, und Beyde
Genossen nun die seltne Freude,
Die Freude der Beruhigung.
Nur manchmal noch entstand auf Karolinens Wangen
Ein wiederkommendes Verlangen
Aus dankbarer Erinnerung. —
Doch wer beschreibt die Freude, die wir fühlen,
Wenn die entbrannten Triebe nun
Sich in gelinder Wärme kühlen
Und unsre Sinne von den Spielen
Der ersten Lieb' ermattet, ruhn! —

O möcht'

O möcht' ich bald zu deinen Füßen,
Gespielinn meiner Jugendzeit,
Nach wohlerlangter Müdigkeit
Dieß Glück der Wanderer genießen! —
Laß nicht, itzt da der Weg mit Bluhmen
                            überstreut
Uns manchen Platz zur Ruhe beut,
Unthätig unsre Zeit verfließen!
Was soll uns denn den Weg versüßen,
Wenn erst der Winter kömmt und Berg und
                            Thal verschneyt,
Und alle Schritte uns verdrüßen?

Die Zeit verstreicht für Liebende geschwind:
 Und unser junges Paar verlauschte
Den Mittag schon, als etwas mehr als Wind,
Um die verschwiegne Laube rauschte.
Es war die gute Fee — Sie hatte nun die Nacht,
Wo sie die Schlafende bewacht,
So ziemlich wieder eingebracht.
Kaum konnte sie die Glieder regen,
So lief sie nach der Laube hin:
Doch wenn ich recht berichtet bin,
Kam sie dießmal ein wenig ungelegen.
Als eine seichte Kennerinn,

Von

Von Schilderey'n der Art, besah sie Karo=
linen
Vom Fuß' an bis zum Kopf, und doch ver=
stand sie nicht,
Was ihr dieß glühende Gesicht
Und diese so zufriednen Mienen
Ganz deutlich vorzumalen schienen.
Sie macht die Brille fest, und guckt und fragt
darbey,
Ob ihr ein wenig besser sey? —
„Ja, rief das Fräulein, ja; die Krankheit
ist vorüber.
„Ich fühle mich so hergestellt,
„Wie jedes Mädchen wünscht. Mir ist nun=
mehr die Welt,
„Mein Reiz, und selbst mein Leben lie=
ber." —
Sie reicht dem Arzt die Hand, indem sie die=
ses sprach,
Und tausend Küsse folgten nach. —

Die Alte sah den Herrn mit jener Ehr-
furcht an,
Die wir für Aesculape tragen,
Und wollte schon für ihren hohlen Zahn
Bey der Gelegenheit nach einem Mittel fragen.
Allein, er ließ sie nicht zum Wort,
Stand auf und gieng entschlossen fort,
Und sprach: „Noch kennen Sie nicht alle die
Gefahren,
„Die mit der Cur verknüpfet sind:
„Drum geh' und sorg' ich itzt, mein Kind,
„Sie für den Rückfall zu bewahren,
„Der täglich fast bey Ihren Jahren
„Zu fürchten ist." — Wohin mag er wohl gehn?
Vielleicht weis er ein Kraut im nächsten
Walde stehn,
Das darzu dient = = = Doch nein! — Mit
übereiltem Schritte
Gieng er nach ihres Vaters Hütte.
Nun die Gesichter möcht' ich sehn! —

Doch

Doch ich errathe seine Bitte.
Ein andrer hätte sie so hurtig nicht gethan: —
Er hielt um Karolinen an.
So bald der junge Herr sich deutlicher er=
klärte,
Daß, außer Karolinens Hand,
Die ihm auf diesen Fall der Alte zuge-
stand,
Er keine Ausstattung und kein Geschenk' be-
gehrte,
Kein Hemd' und neues Kleid: mit einem
Worte: nichts
Als nur die Mitgift des Gesichts
Und das, was ihr noch sonst als Mädchen
angehörte; —
So sprach er: „Ja," und gab ihm zum
Verkauf
Sein Ehrenwort und seine Hand darauf
Und schickte gleich nach Karolinen. —
Die kam geschwind mit ihrer Alten her,

E 2   Sah

Sah auf den jungen Herrn mit halb verschäm=
ten Mienen
Und sagte hurtig „Ja" und kurz nach ihr er=
schienen
Zween Zeugen und ein Geistlicher = = =
Das sieht ja eilig aus! — Ich glaube,
Der Alte weiß wohl gar, was in der grünen
Laube
An seinem Töchterchen für eine Cur ge=
schehn?
O nein! Sein Geiz argwöhnte nur, es
möchte
Der Kauf wohl noch zurücke gehn,
So bald der Ritter ihn als Oekonom be=
dächte. —
Er that es nicht und bot schon seine Rechte
Der schönen Braut mit Freuden dar.
Da ward zum Glück für sein freyherrliches
Geschlechte,
Die alte Fee noch ein Versehn gewahr:

Die

Die Schöne stund in der Gefahr,
In der wohl öfters Jungfern stehen,
Sich ohne Kranz getraut zu sehen,
Und ließ ihr dunkelbraunes Haar,
Verstört, wie es seit Morgens war,
Uneingedenk in alle Winde wehen.
Die Zeit verläuft indeß; der Abend bricht
 herein.
Wie ist der Sache wohl in solcher Eil zu ra=
 then? —
Nach manchem Vorschlag, den sie thaten,
Fiel endlich noch der Braut das beste Mittel
 ein. —
„Auf was, rief sie, will man noch warten?
„Geh, Marte! lauf! Wie vieles findet
 sich
„Zu einem Kranz' in deinem Garten?
„Lauf nur zur Laube hin und brich
„Drey Stängel ab! Sie, die ich oft in
 Tagen

„Der

„Der schwülen Sommerszeit zu meinem Trost beschlich,

„Sie wird mir nicht den letzten Dienst versagen.

„Nur ihre Blätter will ich tragen,

„Denn man erzog Sie ja für mich?" —

Man weiß, ein Kranz ist bald gewunden,

Bald festgesteckt, und manchmal bald zerstört. —

Nun ward dem Geistlichen mit Andacht zugehört,

Und nach Verlauf von wenigen Secunden

Die Braut, — der Ehre war sie werth:

Zu einer jungen Frau erklärt. —

So gieng der Trauungstag zu Ende.

Ein wenig zwar beraubt folgt ihm die erste Nacht:

Doch unser Fräulein ward durch schon bekannte Hände

In alle Sicherheit gebracht.

Denn

Denn man liegt doch im Bette, wie ich glaube,
Weit sich'rer, als in einer Laube,
Die noch so schönen Schatten giebt.
Hier sieht's kein Mensch, wenn sich die Haube
Auch dann und wann im Schlaf verschiebt: —
Und wenn es ja des Morgens merklich wäre:
So eine Kleinigkeit ficht eine Frau nicht an — .
Sie setzt sie wieder recht und schwört bey ihrer Ehre,
Der Mann hab' es im Schlafe bloß gethan ⸗ ⸗ ⸗
Doch wo gerath ich hin? — Das kommt von vielem Plaudern. —
Wer hieß mich auch so lange zaudern? —
Die Leutchen haben schon einander eingewiegt.

Wie süß ist nicht Sein Schlaf! Auch unsre
Karoline
Liegt neben ihm in der zufriednen Miene,
In der wohl jede Frau beruhigt und ver-
gnügt
Nach einer schweren Krankheit liegt.